À l'action républicaine, fonctionnaires !

Jean Pierre Motte

Accusé de réception de « Pratiques managériales républicaines »
par la Présidence de la République le 21 aout 2018

Le Chef de Cabinet
du Président de la République

Monsieur Jean-Pierre MOTTE

Paris, le   2 1 AOUT 2018

Monsieur,

Votre correspondance accompagnée de la publication intitulée « *Pratiques managériales républicaines* » est bien parvenue à la Présidence de la République.

Il m'a été confié le soin de vous remercier pour l'envoi de ce document et de vous assurer de l'attention portée aux propositions que vous formulez.

Je vous prie d'agréer, Monsieur, l'expression de mes sentiments les meilleurs.

François-Xavier LAUCH

Référence à rappeler
PDR/SCP/BEAR/B048811

Accusé de réception de " À l'action républicaine, citoyens !"
par la Présidence de la République le 11 avril 2019

Le Chef de Cabinet
du Président de la République

Monsieur Jean-Pierre MOTTE

Paris, le

Monsieur,

A l'heure où notre pays traverse de nombreux défis, vous avez souhaité adresser au Président de la République un courrier dont il a bien été pris connaissance, accompagné d'un exemplaire de votre ouvrage intitulé *« A l'action républicaine, citoyens ! »*.

Attentif à votre message et à l'envoi de cet essai, et parce que chaque contribution est utile, il m'a confié le soin de vous en remercier.

Je vous prie d'agréer, Monsieur, l'expression de mes sentiments les meilleurs.

François-Xavier LAUCH

Référence à rappeler
PDR/CP/BEAR/B048811

© 2019, Motte, Jean Pierre
Edition : Books on Demand,
12/14 rond-Point des Champs-Elysées, 75008 Paris
Impression : BoD - Books on Demand, Norderstedt, Allemagne
ISBN : 9782322186433
Dépôt légal : octobre 2019

Président de la République, "engagez le fer" contre l'endettement public au seul profit de la classe publique !

Le 21 aout 2018, le chef de cabinet du président de la république a accusé réception d'un appel à l'action nationale des cadres dirigeants de l'État (3) mais le président n'a pas pris connaissance des préconisations pour une action publique au service du progrès social et de l'impérieuse nécessité de réduire l'endettement public pour rétablir la compétitivité nationale et lutter contre le chômage. S'il avait lu et pris au sérieux l'alerte des cadres sur la fracture sociale creusée entre les privilégiés de la nation, élus ou fonctionnaires, et les Français trahis par ses élites publiques, il aurait demandé aux ministres concernés de tenir compte des conseils managériaux pour remettre au travail le plus grand nombre de chômeurs et de demandeurs d'emploi et n'aurait pas été surpris à la fin de l'automne par la révolte des gilets jaunes et l'exaspération populaire devant les comportements de responsables publics plus préoccupés par le maintien d'un statut et de privilèges acquis exorbitants que par la correction des méfaits sociaux des politiques de régression économique.

"**À l'action républicaine, citoyens !**" est une contribution au grand débat national conseillant aux candidats à un mandat électoral de répondre aux attentes de citoyens trahis par des politiciens menteurs, des ministres irresponsables et des cadres de l'État indifférents à la dégradation continue de performance économique de la fonction publique depuis le passage à l'euro. Elle décrit les méfaits économiques des pratiques gouvernementales de déficit budgétaire à hauteur de l'inflation et financement des politiques sociales par l'endettement public.

Elle évalue la masse salariale de l'état destructrice de valeur pour la nation en doublant l'endettement public annuel qui asphyxie les économies régionales, dégrade la compétitivité nationale et provoque un chômage de masse. Elle rappelle la responsabilité du Chef de l'État à rendre compte aux citoyens des méfaits économiques du surendettement public et les devoirs des dirigeants publics et des hauts fonctionnaires à dire la vérité aux fonctionnaires et aux agents de collectivité territoriale sur la dégradation de performance économique publique à corriger pour rétablir la compétitivité nationale et relancer les économies régionales.

Elle a été transmise le 11 avril 2019 aux présidences de la république et du sénat et aux rédactions des journaux de la presse économique nationale pour dénoncer les fautes nationales de gestion des fonds publics de dirigeants de l'État et de hauts fonctionnaires refusant d'imposer aux fonctionnaires les efforts professionnels et sacrifices sociaux fixés aux salariés pour pérenniser ou développer l'entreprise.

Le Président a fait remercier l'auteur pour la rédaction "d'un essai jugé utile à l'heure ou le pays traverse de nombreux défis" en résumant les attentes des salariés et les conseils des cadres pour réduire le chômage et corriger les méfaits sociaux des politiques de régression économique. En supprimant l'ENA et les enseignements périmés des élites publiques, le Président admet l'incompétence des conseillers à la Cour des comptes chargés d'évaluer les politiques publiques ayant fermé les yeux sur les détournements d'emprunt public au profit de la classe publique et détriment de la majorité laborieuse après la crise financière de 2008. Mais il ne rend pas compte des dérives publiques de gestion permanentes depuis le passage à l'euro, il ne demande pas aux ministres concernés de corriger un programme quinquennal d'endettement public continu et il n'oblige pas les hauts fonctionnaires à améliorer la performance économique de la fonction publique pour financer les politiques sociales.

Dans une république en marche vers la faillite, Il préserve un statut public du cadre inadapté à la résolution des problèmes économiques de la nation et maintient un devoir public de réserve pour occulter les fautes publiques de gestion. Il propose d'aligner les droits à retraite des fonctionnaires et des salariés, mais refuse d'aligner les devoirs économiques des cadres de l'État et des cadres de grande entreprise pour restaurer la contribution publique à la compétitivité nationale.

Les directeurs des rédactions de la presse économique ont refusé de publier la critique managériale des politiques de surendettement public indépendante de toute revendication patronale ou syndicale. Noyée dans les conclusions du grand débat national, la contribution des cadres est ignorée de ministres irresponsables déployant un programme quinquennal de surendettement public qui brise la cohésion républicaine au travail des acteurs économiques et aggrave le chômage et la fracture sociale.

"À l'action républicaine, fonctionnaires !" est une réédition au plus petit prix de l'appel aux citoyens enrichi d'une synthèse des conseils destinés au Président de la République, aux Parlementaires, aux Ministres, aux Présidents de collectivité territoriale et aux Cadres de l'État pour amender les politiques de régression économique et décohésion républicaine afin de réduire l'endettement public. Le Chef de l'État "promettant plus d'humilité et d'écoute aux citoyens" doit tenir compte des attentes des cadres et des préconisations des managers pour résoudre les problèmes économiques d'une république surendettée par sa fonction publique. Le Chef des Armées doit déclarer la guerre aux terroristes pour dissuader les complices des activistes de participer, activement ou passivement, à la guerre de l'ombre afin de mieux protéger les femmes, les enfants et les civils contre le risque permanent d'attentat.

Le livret est un manifeste politique rappelant que dans une république surendettée les fonctionnaires sont des acteurs économiques et des citoyens privilégiés par des dirigeants et des cadres de l'État indifférents à la dégradation continue de l'efficacité économique de l'action publique et l'augmentation des prélèvements obligatoires asphyxiant le développement des entreprises du secteur marchand. Le cadre, décideur du progrès continu dans un service et acteur du développement économique de son entreprise, connait l'effet des excès de dépense publique sur l'augmentation de la dette et des prélèvements obligatoires Impôts, Taxes, Cotisations Sociales affectant la croissance économique annuelle. Tous les cadres du secteur marchand attendent des cadres de l'État un arrêt des détournements d'emprunt public au détriment de l'intérêt national et une exploitation des gisements de progrès de la nation pour rétablir la performance économique des services publics et la contribution publique à la compétitivité nationale.

L'égalité des droits des salariés du public et du privé à une retraite équitable est le premier gisement de progrès économique à exploiter par les pouvoirs publics pour réduire l'excès de dépense publique. Avant de négocier un système de retraite universel par points, les organisations syndicales représentatives des cadres doivent exiger que les droits des fonctionnaires soient alignés sur les droits actuels des salariés et les retraites publiques financées comme les retraites privées par des cotisations salariales des fonctionnaires et patronales de l'État et non par l'endettement public. Ils doivent réclamer une résorption du déficit des régimes publics et vérifier le financement effectif des retraites des fonctionnaires avant d'accepter de négocier de nouvelles conditions d'âge ou de durée de cotisation nécessaires à l'équilibre d'un futur régime républicain de retraite nationale en fonction des perspectives d'évolution démographique à long terme.

Cadres de l'État, mettez-fin aux politiques publiques de décohésion républicaine et régression économique !

Le Chef de l'État doit informer les citoyens sur les fautes publiques de gestion des affaires nationales et les gisements de progrès économique à exploiter par les pouvoirs publics et les partenaires sociaux pour restaurer la compétitivité nationale.

Le ministre de l'action et des comptes publics doit informer les cadres de l'État sur les fautes de gestion à corriger et les gisements publics de progrès économique à exploiter :

* Alignement des droits à retraite des fonctionnaires et des salariés
* Remboursement des rémunérations publiques exorbitantes indues pour gestion irresponsable des fonds publics au détriment de la collectivité nationale
* Amélioration de performance publique par simplification administrative et transformation des sureffectifs publics en emplois de services marchands
* Amélioration de productivité de la fonction publique territoriale par sous-traitance aux PME/TPE performantes des activités parapubliques de services techniques ou logistiques

Les représentants des pouvoirs publics doivent aligner les droits à retraite des fonctionnaires sur les droits actuels des salariés pour réduire la dépense et l'endettement public. Au prochain quinquennat, ils devront négocier avec les partenaires sociaux les conditions d'âge ou de durée de cotisation nécessaires pour financer un régime national de retraite des salariés du public et du privé tenant compte des perspectives d'évolution démographique à long terme.

Le DRH de l'État doit apprendre aux hauts fonctionnaires à se comporter en cadre dirigeant de la fonction publique et aux cadres à manager la performance économique des services publics :

➢ Analyser les 44 pages de « **À l'action, cadres de l'état** ! » (6) et diffuser l'Ebook aux 2000 hauts fonctionnaires pour développer les compétences managériales de direction d'une institution ou d'un établissement public au 21ème siècle.

➢ Analyser les 80 pages de « **À l'action, cadres !** » (5) et diffuser l'Ebook aux cadres devant améliorer la productivité d'un service ou l'efficacité d'une équipe de collaborateurs.

Les cadres du public doivent contribuer à la baisse des prélèvements obligatoires en réduisant l'excès de masse salariale de l'État, rémunérations et cotisations retraite financées par l'endettement public. Avec les cadres du secteur marchand, ils doivent militer pour une égalité républicaine des devoirs professionnels et droits sociaux des acteurs économiques afin de générer chaque année plus de richesses pour soutenir la croissance.

Onze millions d'employés de PME/TPE dont trois millions de cadres ont pris conscience des dérives de gestion municipales et des sureffectifs de la fonction publique territoriale. Ils attendent des futurs présidents de collectivité territoriale et communauté de communes après les élections 2020 et 2021 un engagement national à externaliser aux petites et moyennes entreprises locales plus performantes la distribution aux administrés des prestations parapubliques, techniques ou logistiques, afin de transformer les sureffectifs publics en emplois de service marchand et réduire la masse salariale de l'État improductive de valeur pour la nation.

L'ancien responsable de l'université d'entreprise d'un groupe industriel de 100000 salariés dont 8000 cadres, veut croire que l'ancien dirigeant de banque d'affaires et d'investissement et "patron des entreprises et établissements publics" évaluera la pertinence des préconisations managériales pour rétablir l'efficacité de l'action publique et redresser les comptes publics. Il fera diffuser l'Ebook aux 3000 cadres dirigeants de la république, élus de la nation et hauts fonctionnaires, pour information sur la dégradation de performance économique de l'action publique continue depuis le passage à l'euro.

Il les chargera d'informer les fonctionnaires et les agents territoriaux sur les dérives gouvernementales ayant augmenté les prélèvements obligatoires et dégradé la compétitivité nationale et de commenter les préconisations managériales jugées nécessaires par les cadres du secteur marchand pour rétablir l'efficacité de l'action publique, redresser les comptes publics et soutenir la croissance.

Les hauts fonctionnaires et les chefs de service doivent retrouver le sens des responsabilités publiques oubliées depuis 20 ans au gouvernement, au parlement, dans l'administration et les services publics en renonçant aux privilèges et avantages acquis exorbitants financés par l'endettement public et en expliquant aux fonctionnaires les efforts professionnels et sacrifices sociaux à consentir par chaque acteur économique pour réduire la dépense et soutenir la croissance.

Les fonctionnaires manifesteront avec leurs représentants syndicaux contre la réforme des retraites pour défendre leur statut et les droits acquis mais ils rempliront consciencieusement leurs missions et en dehors de l'établissement public ils se comporteront en citoyen conscient des méfaits sociaux de l'endettement public en s'opposant dans les urnes aux projets politiques de décohésion républicaine générateurs de régression économique et fracture sociale.

Le Chef de l'État répondra aux attentes des cadres de petite ou moyenne entreprise en demandant à 80000 "élites publiques", président du sénat, ministres, députés de la majorité, chefs de service public, présidents de collectivité territoriale ou communauté de communes, d'améliorer la performance économique des agents de la fonction publique territoriale en transformant les sureffectifs publics en emplois de PME/TPE afin de réduire l'endettement public et soutenir le développement des économies régionales.

Pour convaincre les futurs élus de la nation et l'encadrement public de réduire l'endettement public et développer l'économie marchande, vingt millions de cadres et de salariés exigeront des candidats au mandat présidentiel ou parlementaire en 2022 une réforme du statut public des cadres rétablissant la responsabilité des managers de l'État à gérer les fonds publics dans l'intérêt de la collectivité nationale.

Le président de la république 2022/2027 devra réparer la faute originelle de gestion commise par Chirac ayant décidé le passage à l'euro et renoncé à la souveraineté financière à la fin du septennat puis financé par l'endettement public des budgets quinquennaux en déficit à hauteur de l'inflation sans corriger la perte annuelle de compétitivité résultante de l'économie nationale.

Préconisations républicaines pour soutenir la croissance économique :
1/ Fixer l'excédent budgétaire annuel requis pour ramener la dette publique à 60% du PIB en quatre quinquennats.
2/ Transformer le devoir public de réserve sur les dérives de gestion en obligation nationale à exploiter les gisements publics de progrès.
3/ Aligner les droits à retraite des fonctionnaires et des salariés pour réduire la masse salariale de l'État et l'endettement public.
4/ Aligner les devoirs économiques des cadres de l'État sur ceux du secteur marchand pour rétablir la compétitivité nationale.

À l'action républicaine, citoyens !

Jean Pierre Motte

"Les Français sont des veaux"

D'après son fils l'amiral Philippe de Gaulle (1), le général Charles de Gaulle aurait souvent employé cette expression quand il voyait les Français ne pas réagir ou se considérer comme battus avant même d'avoir engagé le fer.

Au 21ème siècle, comment le Président de la cinquième république aurait-il jugé le laisser-faire de cinq millions de cadres, décideurs du progrès économique, face à un surendettement public croissant chaque année :

• Aurait-il mis fin aux agissements irresponsables d'un million de cadres rémunérés par l'état plus concernés par la défense du statut et des privilèges publics que par l'amélioration de performance économique de la fonction publique au profit de la population ?

• Aurait-il "traité de veaux" quatre millions de cadres du secteur marchand sans réaction devant les refus de l'encadrement public d'employer les pratiques universelles de management pour améliorer l'efficacité de l'action publique et soutenir le développement de l'économie marchande ?

À l'action, citoyens !

Le pays est maintenant entré dans un cercle vicieux de décroissance économique mettant en péril votre sort et celui des vôtres. En sortir nécessite que vous agissiez.

Le chômage frappe durement de plus en plus d'entre vous, y rejetant une part importante de la jeunesse, et mettant en péril l'emploi de ceux qui y échappent. Il met aussi de plus en plus en péril votre sécurité personnelle exposée à ceux luttant par tous les moyens pour survivre. Le commerce extérieur du pays est en déficit croissant depuis 2005, occasionnant la dégradation de la croissance économique du pays avec une fuite des emplois vers l'étranger. La destruction de notre appareil de production industrielle, artisanale et de commercialisation est devenue dramatique. Certains prix écrasent votre pouvoir d'achat. Et depuis 1978, la rémunération moyenne en euro 2010 (brut + charges) par actif augmente d'environ seulement 1% par an en moyenne; avec l'augmentation des prélèvements obligatoires, il y a baisse sensible du pouvoir d'achat moyen des travailleurs. Votre État vous accable de prélèvements obligatoires parmi les plus élevés en Europe, et malgré cela, il est criblé de dettes, suite à ses déficits budgétaires continus et croissants depuis 1975. Les caisses sociales (sécurité sociale, allocations familiales, Assedic, retraites complémentaires) le sont aussi, sinon sont en cours de l'être. Les politiques publiques menées depuis 1975 ont pourtant partout visé à combattre le chômage apparu alors au moyen du dopage de la demande de biens et services ; dopage par distribution de monnaie tirée des dettes publiques contractées pour combler les déficits budgétaires, et plus encore monnaie tirée d'un déluge sorti des planches à billets des États ; au point que l'excès de monnaie a financé des activités spéculatives fort dommageables pour tous, y compris une amputation du niveau de vie de la plupart d'entre vous. En 2008 déjà, plus de 6% de la masse des revenus était tirée des déficits publics, des dettes de l'État ; plus de 12% en 2010 !

Le tout met le pays dans une situation intenable, dans un cercle vicieux. L'État est aux abois, risquant à tout moment de ne plus pouvoir honorer ses échéances d'emprunts en en souscrivant de nouveaux, comme il l'a fait depuis près d'un demi-siècle, les prêteurs craignant trop sa faillite. Il y a aussi saturation de prélèvements obligatoires. L'État ne peut plus doper la demande par des déficits budgétaires accrus ou seulement maintenus. La réduction des déficits, puis la réduction de l'endettement fait en violation du traité de Maëstricht a pour effet mécanique inéluctable de réduire encore la croissance économique, et même d'occasionner une décroissance compensant la croissance des décennies antérieures surfaite. Cet effet mécanique réduit à la fois le pouvoir d'achat de la population, et sa capacité à payer les prélèvements obligatoires supplémentaires qui seraient levés pour combler leur insuffisance occasionnée par la décroissance économique. Le tout met de plus en péril l'euro, et suscite des contraintes légitimes de la Communauté européenne visant à assainir les finances publiques ainsi que le fonctionnement de l'économie. Et les pays en meilleure situation ne sont pas à juste titre disposés à fournir les euros nécessaires au paiement de nos importations, ni ceux qui seraient nécessaires pour continuer à alimenter le budget de l'État.

Le pouvoir politique de la France de 2012 ne cesse pour l'instant de rechercher une issue qu'en élevant encore la pression des prélèvements obligatoires, et en guettant le retour prochain de la croissance économique. Il n'y a pas, ni engagé, ni en vue, un allègement significatif de la dépense publique source de la plupart des maux du pays.

Vous citoyens êtes en grande partie paralysés par l'État omniprésent conditionnant abusivement vos activités. Vous en êtes les marionnettes animées par ses incitations et interdictions, privés par lui de la part la plus grande de vos revenus (en moyenne, au moins les deux tiers de la rémunération de votre travail) employés par lui comme il l'entend et non plus par vous. Votre liberté est bien trop restreinte, presque illusoire.

L'inaction de votre part ne peut conduire qu'à votre perte et à celle de votre famille. Alors, que pouvez-vous faire ?

Vous, le peuple, vous êtes souverains. Hélas, vous ne pouvez exercer votre souveraineté que par l'intermédiaire de vos élus. Depuis plus de trois décennies, à chaque élection nationale où presque, vous désavouez le pouvoir en place en accordant vos votes à l'opposition. Mais les nouveaux élus ne font en réalité que poursuivre l'œuvre de ceux que vous avez désavoués. Un trop grand nombre d'entre vous l'ayant compris se réfugie dans l'abstention, ce qui n'aboutit à rien. Et aussi, un trop grand nombre croit encore au parti politique choisi en continuant à voter pour ses candidats. Notre démocratie est devenue une fiction.

C'est pourquoi, il vous reste seulement à agir vous-mêmes en masse. Expliquez patiemment mais clairement à votre entourage la situation du pays qui met en péril notre sort à tous. Pour retrouver les conditions d'un développement durable, il faudrait commencer immédiatement à réduire les dépenses publiques de 100 milliards d'euros en 5 ans, réduire la charge des salaires et retraites publiques de 10 milliards/an et réduire le coût du travail privé de 10 milliards/an, pour pouvoir dès que possible baisser le poids des prélèvements obligatoires.
Harcelez vos élus en leur disant votre vive désapprobation des politiques décidées par eux, même s'il n'y a plus rien à attendre d'eux.
Là où vous vous trouvez, où que ce soit, ne vous laissez pas abattre par la démotivation et le découragement ambiants, efforcez-vous de conduire vos activités autant que faire se peut normalement et efficacement.
Introduisez-vous aussi dans les associations et les organisations syndicales, même si pour l'instant elles ne sont que la réplique des partis politiques, pour y expliquer vos vues.
Partout, expliquez l'impérieuse nécessité d'œuvrer à un développement durable.

Mais votre action décisive est au bureau de vote. Évitez d'y être piégés. Déposez dans l'urne une enveloppe vide. Pourvu d'être suivi en masse par d'autres, cela priverait clairement de légitimité les élus. Il pourrait alors y avoir émergence de gens compétents, et respectueux de vos libertés individuelles, qui en viendraient à se présenter à vos suffrages, alors qu'actuellement, ils fuient tout ce qui est organisation politique.

Cet appel n'est pas confidentiel, utilisez le comme support à vos actions.

Jean-Pierre Motte et Roland Verhille
LE CERCLE 8 juin 2013

Collection "Pratiques managériales républicaines"

Tome I : À l'action, cadres dirigeants de la république !
ISBN: 978-2-3221373-1-2 Juin 2018 36 pages
Demande aux cadres dirigeants d'une république surendettée d'exploiter les gisements publics de progrès et de rétablir la performance économique de la fonction publique au profit de la collectivité nationale.

Tome II : À l'action, parents !
ISBN: 978-2-322-16307-6 Octobre 2018 92 pages
Information des parents sur les problèmes de la France et demande aux présidents de région, département et collectivité de communes d'exploiter le principal gisement national de progrès économique et social en transformant les sureffectifs publics en emploi de PME.

Tome III : À l'action, cadres !
ISBN: 978-2-322-16580-3 Novembre 2018 80 pages
Manifeste républicain pour la reconstruction d'un développement pérenne générateur de progrès social. Manuel de formation aux pratiques managériales requises des chefs de service public pour transformer les sureffectifs de la fonction publique en emplois de services marchands créateurs de richesse pour la nation.

Tome IV : À l'action, cadres de l'état !
ISBN: 978-2-322-12688-0 Janvier 2019 44 pages
Conseils pour réduire la masse salariale de l'état improductive de valeur, la contribution exorbitante de la fonction publique à l'empreinte carbone du pays et l'endettement public. Demande aux candidats aux élections européennes 2019 de protéger les populations contre les attentats terroristes. Demande aux candidats aux élections municipales 2020 de convertir les sureffectifs publics en emplois de PME/TPE.

Pratiques managériales républicaines

Cadres, à l'action pour la république!

Jean Pierre Motte

Éditeur : Books on Demand
Date de parution : 13.06.2018

3,99 € Livre
TVA incluse / Envoi en sus
disponible (dès maintenant)

0,99 € Ebook
TVA incluse
Téléchargement disponible dès maintenant

Pratiques managériales républicaines

À l'action, parents !

Jean Pierre Motte

Éditeur : Books on Demand
Date de parution : 01.10.2018

5,99 € Livre
TVA incluse / Envoi en sus
disponible (dès maintenant)

3,49 € Ebook
TVA incluse
Téléchargement disponible dès maintenant

Pratiques managériales républicaines

À l'action, cadres!

Jean Pierre Motte

Éditeur : Books on Demand
Date de parution : 07.11.2018

4,99 € Livre
TVA incluse / Envoi en sus
disponible (dès maintenant)

2,99 € Ebook
TVA incluse
Téléchargement disponible dès maintenant

NOUVEAUTÉ
Pratiques managériales républicaines

À l'action, cadres de l'état !

Jean Pierre Motte

Éditeur : Books on Demand
Date de parution : 15.01.2019

3,99 € Livre
TVA incluse / Envoi en sus
disponible (dès maintenant)

0,99 € Ebook
TVA incluse
Téléchargement disponible dès maintenant

Tous les livres Books on Demand publiés avec un numéro ISBN sont listés sur le catalogue des libraires Dilicom. Ils sont disponibles auprès des librairies françaises et sur les boutiques en ligne amazon.fr, decitre.fr, fnac.com et chapitre.com.

Devoirs économique et civique du cadre dans une république surendettée

Ancien ingénieur dans un grand groupe industriel, l'auteur connaît l'incompétence économique et l'irresponsabilité politique des professeurs à Sciences Po. ou l'ENA enseignant les pratiques de déficit budgétaire à hauteur de l'inflation et de financement des politiques sociales par l'endettement public sans alerter les futurs dirigeants sur les pertes de compétitivité nationale résultantes dans une économie de marché après le passage à l'euro.

Le 8 juin 2013 Jean-Pierre Motte et Roland Verhille ont constaté que le pays était entré dans un cercle vicieux de décroissance économique (2). Pour reconstruire un développement durable, ils ont conseillé aux citoyens d'agir pour faire réduire les excès de dépense sur la charge des salaires et retraites publiques et le coût du travail privé afin de baisser le poids des prélèvements obligatoires asphyxiant l'économie marchande.

En 2018, la collection "Pratiques managériales républicaines" a été publiée pour convaincre les cadres dirigeants de l'état, les parlementaires et les chefs de service public d'améliorer la performance économique nationale afin de stopper la croissance continue de l'endettement public et rétablir la cohésion nationale dans la lutte contre le chômage.

Depuis fin 2018, les gilets jaunes approuvés par une majorité de la population ont mené chaque samedi des actions de masse peu démocratiques et de plus en plus destructrices de valeur pour la nation en entravant la circulation sur la voie publique et les activités de commerce à Paris et dans les grandes agglomérations.

L'action de masse des gilets jaunes a obligé les pouvoirs publics à stopper le déploiement des politiques de transition énergétique dégradant le pouvoir d'achat de la population.

Les citoyens doivent maintenant engager des actions collectives, professionnelles, syndicales et électorales pour convaincre les représentants des pouvoirs publics et partenaires sociaux et les présidents de collectivité territoriale et communauté de communes d'œuvrer à une réduction drastique de l'endettement public et une restauration du pouvoir d'achat de la classe moyenne.

Français, à l'action républicaine pour rétablir les conditions d'un développement pérenne :

- Citoyens et parents, exigez la vérité sur les problèmes majeurs de la population !

- Parents, exigez une Europe qui protège ses populations contre l'activisme terroriste !

- Salariés, exigez une exploitation des gisements nationaux de progrès !

- Cadres, exigez l'égalité républicaine des devoirs économiques et des droits sociaux !

Chapitre I

Citoyens et parents, exigez la vérité sur les problèmes majeurs de la population !

Fautes nationales de gestion des élites publiques et laisser faire irresponsable des élites civiles

Education civique nationale des ministres, des chefs de service public, des citoyens et des jeunes adultes

Fautes nationales de gestion des élites publiques et laisser faire irresponsable des élites civiles

Quarante millions de citoyens doivent demander aux ministres, aux parlementaires et aux hauts fonctionnaires de rendre compte des fautes publiques de gestion dans la conduite des affaires nationales depuis le passage à l'euro (3):

- Une croissance des dépenses publiques improductives de valeur pour la collectivité ayant contribué pour moitié à l'accroissement continu d'un endettement public supérieur à 100 milliards par an.
- Des détournements d'emprunt public pour financer les rémunérations exorbitantes d'un encadrement public détruisant de la valeur dans les services publics au détriment de la collectivité et créant des emplois territoriaux de moins en moins compétitifs au détriment des PME&TPE plus performantes dans la distribution de services techniques ou logistiques.
- Dans la période 2007/2018, des dirigeants publics irresponsables n'ayant engagé aucune transformation ou restructuration pour aligner la productivité des agents de l'état sur celle des salariés soumis aux contraintes de la concurrence internationale.

Ils doivent demander compte à quatre millions de cadres, décideurs du développement économique dans le secteur marchand, de leur silence devant les fautes professionnelles d'un million de cadres de l'état dans la gestion des personnels de la fonction publique.

Trente millions de responsables de famille doivent demander aux officiers généraux, responsables d'armée, de corps d'armée, de division et de brigade, de rendre compte du refus de combattre le terrorisme pour réduire le risque d'attentat en France. Après 2015, ceux-ci n'ont pas dénoncé l'imposture nationale de présidents de la république et de majorités politiques successives prétendant opposer la police et la justice aux auteurs de crimes contre l'humanité commis sur le territoire national et d'interdire à l'armée de combattre le terroriste et ses complices en France comme en Afrique et au Levant.

Si les parents veulent vivre dans un état qui protège sa population, ils doivent réclamer des pouvoirs publics une protection militaire des femmes, des enfants et des personnes âgées contre le risque permanent de nouveaux attentats barbares avec une condamnation par la justice des complices du terroriste et une expulsion du territoire national des condamnés à l'issue de leur peine.

Les administrés doivent exiger de leurs responsables territoriaux une mobilisation nationale contre les manifestations de l'activisme terroriste dans les établissements publics, les collèges, les lycées et sur les chaines nationales de radio et de télévision.

Education civique nationale des ministres, des chefs de service public, des citoyens et des jeunes adultes

Les citoyens veulent connaître les problèmes de leurs compatriotes confrontés aux méfaits sociaux des politiques publiques de régression économique. Les parents veulent que leurs jeunes à majorité soient informés sur les efforts individuels de l'adulte pour s'insérer dans le monde du travail et les luttes collectives à mener contre le surendettement public et le chômage induit dans le secteur marchand.

Après le grand débat, le contenu d'une semaine d'éducation civique sur les problèmes majeurs des Français élaboré par la commission nationale du débat public devrait être transmis au Président de la République et aux ministres. Le gouvernement devrait le diffuser aux hauts fonctionnaires puis l'intégrer au programme d'une semaine d'éducation civique nationale à imposer aux cadres de l'état avant de la déployer aux citoyens et aux jeunes à leur majorité.

Service national d'éducation civique
dans une république à désendetter

Jour 1: Information sur les problèmes de la population et les difficultés d'insertion au travail des jeunes

Jour 2: Information militaire sur le terrorisme et la protection civile contre les attentats

Jour 3: Droits sociaux du citoyen

Jour 4: Devoirs économiques du salarié

Jour 5: Devoirs et droits collectifs de l'adulte dans une république surendettée

Chapitre II

Parents, exigez une Europe qui protège ses populations contre l'activisme terroriste !

Dénoncer le refus national de combattre les terroristes en France

Exiger des opérations militaires contre les terroristes et des lois réprimant l'activisme terroriste en France et en Europe

Dénoncer le refus national de combattre les terroristes en France

Aucun responsable de famille n'a oublié les attentats menés depuis 2015 par une dizaine de terroristes explosés et quelques dizaines de suspects mis en examen par le parquet antiterroriste après avoir massacré plusieurs centaines de civils et blessé plusieurs centaines d'hommes, de femmes et d'enfants qui souffriront toute leur vie des séquelles de blessure d'une guérilla urbaine.
Les parents n'excuseront jamais les comportements indignes de représentants de la nation réunis à Versailles par deux présidents de la république successifs et les refus politiques de déclarer la guerre au terrorisme et d'engager les forces armées pour protéger la population civile contre le risque permanent des attentats (4).

Trente millions de chef de foyer, femme ou homme, condamnent :

* Le refus national de dire la vérité au citoyen sur les risques encourus par les familles dans une interminable guérilla urbaine menée par dix mille activistes signalés et autant de complices potentiels infiltrés (quatre complices en moyenne en soutien de chaque terroriste au passage à l'acte).
* Les comportements de dirigeants publics et d'élus de la nation plus soucieux des "droits de dizaines de combattants de l'ombre" que de la vie et l'intégrité physique de centaines de civils (Homme, Femme, Enfant, Personne Âgée) soumis au risque de nouveaux attentats.

- Des dirigeants de l'état prétendant protéger la population en chargeant l'armée de la protection de bâtiments exposés, le parquet anti terroriste, la gendarmerie et la police de la prévention du flagrant délit et la justice de la poursuite des complices pour participation à des actes de grand banditisme.
- Le refus national d'appliquer les lois de la guerre aux terroristes arrêtés avant les sanctions pénales d'une justice qui ne condamne que l'acte de grand banditisme en fermant les yeux sur les crimes contre l'humanité et l'interdiction faite à l'armée d'interroger les terroristes arrêtés pour les faire parler, identifier les complices et démanteler les réseaux de soutien.
- Le refus public d'appliquer les sanctions financières, pénales et administratives à des combattants sans uniforme convaincus de participation à une guerre terroriste contre la population civile.
- Les postures internationales du président de la république faisant la guerre en Afrique et au Levant et l'imposture nationale du chef de guerre refusant de combattre les terroristes en France.

<u>Référendum d'initiative partagée</u>
<u>contre l'activisme terroriste</u>

Au moins 4,5 millions de femmes ou d'hommes, chef d'un foyer, peuvent améliorer la sécurité de leurs enfants ou de leurs parents contre le risque des attentats en exigeant un référendum d'initiative partagée associant 20% des parlementaires et 10% du corps électoral sur un projet de loi déclarant la guerre au terrorisme et expulsant du territoire national à l'expiration de sa peine le complice d'un acte terroriste condamné par la justice.

Exiger des opérations militaires contre les terroristes et des lois réprimant l'activisme terroriste en France et en Europe

Les parents inquiets doivent demander aux militaires de combattre les suspects d'activisme terroriste au nom et en mémoire des centaines de victimes des attentats, hommes, femmes, enfants, tués ou blessés en 2015/2018 et d'éliminer préventivement les terroristes repérés sur le territoire national.

Ils doivent exiger de leur maire ou président de collectivité de communes et des pouvoirs publics des actions militaires, policières, administratives et judiciaires pour combattre l'activisme terroriste et protéger la population civile contre le risque permanent d'attentat :

➤ Le parlement doit déclarer la guerre au terrorisme, voter les lois du combat dissymétrique à mener en France contre des combattants sans uniforme d'une armée de l'ombre et des mesures d'expulsion et d'interdiction du territoire national à infliger aux terroristes condamnés par la justice et libérés après avoir purgé leur peine.

➤ L'armée doit réduire le risque d'attentat en combattant les radicalisés repérés et faisant parler les terroristes arrêtés pour démanteler les réseaux de soutien.

➤ La justice doit condamner le terroriste au versement de dommages et intérêts aux victimes des attentats et l'administration doit supprimer les droits sociaux des condamnés pour participation à l'acte terroriste.

> L'éducation nationale doit instruire les collégiens, lycéens et étudiants sur le risque terroriste, le développement des attentats et crimes contre l'humanité sur le territoire national et la perversion des adolescents par la propagande activiste sur les réseaux sociaux.

> Les municipalités et les collectivités territoriales doivent informer leurs administrés sur les devoirs civiques d'observation et de dénonciation à la police de toute manifestation suspecte d'activisme.

Trente millions de femme ou d'homme, chef d'un foyer, attendent une déclaration de guerre au terrorisme avec un engagement de l'armée et des lois d'expulsion du territoire national des condamnés pour terrorisme après exécution de la peine.

Appels aux parlementaires et aux chefs d'état européen

Trente millions de parents attendent des candidats aux élections européennes 2019 et des parlementaires européens une déclaration de guerre à l'activisme terroriste.

Les femmes et les hommes, chef de foyer, attendent du Président de la République et des chefs d'état de la Communauté qu'ils protègent leurs enfants et leurs parents en déclarant la guerre au terrorisme et dissuadant les complices potentiels du terroriste par une expulsion systématique de la Communauté après exécution de la peine du condamné par la justice d'un état membre pour activisme terroriste.

Chapitre III

Salariés, exigez une exploitation des gisements nationaux de progrès !

Gisements de progrès économique de la nation

Gisements de progrès économique de la fonction publique

Gisements de progrès économique de la nation

Avant la crise économique et financière, il y avait 2.9 millions d'entreprises et 16.3 millions de salariés dans le secteur marchand dont 2700000 TPE et 3.6 millions de salariés, 164000 PME et 4.9 millions de salariés, 4500 ETI et 3.4 millions de salariés, 240 grandes entreprises et 4.4 millions de salariés (5).

Depuis la crise, 3 millions de patrons font face à une dégradation continue de la compétitivité de leur entreprise. 170000 patrons doivent négocier avec les organisations syndicales et les délégués du personnel des accords plus favorables à la survie ou au développement de l'entreprise en réduisant les dépenses de fonctionnement et faisant créer plus de richesses par les cadres et les salariés mobilisés sur la performance économique collective. Les progrès continus de gestion entrainent des améliorations de productivité et des destructions d'emploi industriel.

Dans les ETI et les grandes entreprises, la valeur ajoutée annuelle potentielle des projets de progrès stratégiques, industriels, commerciaux, à réaliser par les cadres est de l'ordre de 5 milliards et celle des projets participatifs des salariés de l'ordre de 50 millions. Les économies potentielles des organismes prestataires de formation sans diminution des programmes de réinsertion des chômeurs sont de l'ordre de 5 milliards par an. Les gisements de progrès économique exploitables dans le secteur marchand sont de l'ordre de 10 milliards par an.

Les principaux gisements d'économies de la fonction publique portent sur la réduction de sureffectifs et une masse salariale improductive de valeur de 50 milliards. Dans la fonction publique d'état, 200000 emplois devraient être supprimés après déploiement de la simplification administrative et comptable et amélioration du rendement des processus publics sans dégrader la qualité des prestations publiques. Dans la fonction publique territoriale, 800000 emplois devraient être supprimés après mutualisation des ressources humaines affectées aux régions, départements, intercommunalités, communes, abandon des activités redondantes et sous-traitance à des PME et TPE plus performantes des activités parapubliques de distribution de services techniques ou logistiques.

Indépendamment des gisements publics de productivité, un alignement républicain des droits sociaux des fonctionnaires sur ceux des salariés représente une baisse potentielle de masse salariale de l'état de 20 milliards.

Les rémunérations indues perçues par les élus de la nation et les cadres du public représentent une réduction potentielle de masse salariale de l'état de 14 milliards.

Pour soutenir le développement de l'économie nationale, les progrès publics de gestion à réclamer par les salariés sont cinq à huit fois supérieurs aux gisements de progrès économique du secteur marchand.

Gisements de progrès économique de la fonction publique

La compétitivité nationale est dégradée par les politiques publiques anti économiques dans un environnement international de plus en plus concurrentiel. Depuis la crise de 2008, 20 millions de salariés savent que la pérennité et le développement de leur entreprise impliquent de nouveaux efforts professionnels et des sacrifices sociaux. Dans les grandes entreprises, ils savent qu'avec le dirigeant et l'encadrement, ils sont engagés dans une démarche collective de progrès continu avec des cadres réalisant des projets annuels augmentant la production, les ventes et le résultat en période faste et réduisant les dépenses de fonctionnement en période de crise. Le dirigeant fixe les objectifs de progrès et les contributions individuelles au résultat de chaque échelon hiérarchique pour atteindre l'objectif collectif. Les cadres réalisent les projets de progrès industriel ou commercial et incitent les salariés à réaliser les projets participatifs dans les ateliers et les bureaux. Le cadre doit créer chaque année de la valeur à hauteur de sa rémunération annuelle.

Les salariés n'admettent pas que 5,5 millions de hauts fonctionnaires, de cadres et d'agents de l'état soient exonérés des efforts professionnels et sacrifices sociaux nécessaires pour rétablir les contributions économiques de l'état et de la fonction publique à la compétitivité nationale.

En 2019, ils doivent exiger des pouvoirs publics une exploitation immédiate des gisements publics de progrès afin de réduire la masse salariale de l'état destructrice de valeur pour la population et génératrice d'endettement public.

Les managers et les cadres des grandes entreprises du secteur marchand évaluent ainsi les gisements de progrès économique des services de l'état et des grandes entreprises publiques :

• La masse salariale indûment versée à un million d'élus de la nation et de cadres rémunérés par l'état est de l'ordre de 14 milliards par an.

• 24 milliards de marchés de travaux territoriaux pourraient être passés à des PME/TPE plus performantes pour transformer 600000 emplois territoriaux en emplois de PME/TPE et réduire la masse salariale de l'état et l'endettement public annuel de 30 milliards.

Chapitre IV

Cadres, exigez l'égalité républicaine des devoirs économiques et des droits sociaux !

Faire manager la performance économique des services de l'état

Faire manager la performance économique des services techniques par les présidents de collectivité territoriale

Faire manager la performance économique des services de l'état

Dans les années 2002/2017, les pouvoirs publics ont accru l'inégalité des devoirs au travail et droits sociaux des acteurs économiques. Chirac, Sarkozy, Hollande, Jospin, Raffarin, de Villepin, Fillon, Ayrault, Valls, Mer, Gaymard, Breton, Borloo, Mme Lagarde, Baroin, Moscovici, Montebourg, Macron, Sapin ont refusé de soutenir la croissance de l'économie marchande pour financer les politiques sociales et réduire l'endettement public. Ils ont laissé se dégrader les prestations du service public et augmenter le cout de la fonction publique pour la collectivité tout en prétendant défendre le statut de l'agent public et l'excellence du service public. Les fonctionnaires consciencieux ont été trahis par un encadrement incompétent et des organisations syndicales représentatives irresponsables qui ont dégradé la performance publique et la compétitivité nationale. L'excès de dépenses de la classe publique est équivalent à l'excès de dépenses sociales d'une classe laborieuse quatre fois plus nombreuse et le surcout de la fonction publique pour la nation dépasse 50 milliards par an. La dette publique dépasse 2300 milliards et augmente de 100 milliards chaque année dont une moitié pour financer les sureffectifs publics et l'autre moitié pour payer les intérêts de la dette.

Pour réduire les dommages provoqués à l'économie marchande par les excès de dépense publique, les managers du secteur marchand demandent aux dirigeants publics de réduire les rémunérations exorbitantes et les sureffectifs publics.

Les managers n'acceptent pas la préconisation du Conseil économique, social et environnemental sur le "renforcement de la transparence des rémunérations et avantages annexes des patrons, des élus et des hauts fonctionnaires" et réclament une stricte égalité républicaine des devoirs à créer de la valeur pour la nation et des droits sociaux à percevoir par les cadres qu'ils soient au service de l'état ou d'une grande entreprise cotée en bourse.

Les partenaires sociaux doivent exiger un retour à la performance économique de la fonction publique existante au passage à l'euro par :

➢ Alignement des devoirs économiques et droits sociaux des cadres de l'état sur ceux des grandes entreprises afin de réduire l'endettement public et financer les mesures sociales exigées par la classe moyenne.

➢ Egalité républicaine des droits sociaux des fonctionnaires sur ceux des salariés pour réduire les excès de dépenses sociales de la classe publique.

Action de groupe contre l'encadrement public

600000 cadres de grande entreprise et leurs organisations syndicales représentatives devraient engager une action de groupe en justice contre le ministre des comptes publics, le DRH et l'encadrement de la fonction publique en exigeant une réparation par l'état des dommages causés aux entreprises et à l'équilibre du modèle social par la démission professionnelle et l'incurie managériale des hauts fonctionnaires et de l'encadrement public.

Faire manager la performance économique des services techniques par les présidents de collectivité territoriale

Les patrons, les cadres et les salariés des petites et moyennes entreprises doivent s'engager dans la campagne électorale 2020 pour convaincre les futurs maires et présidents de collectivité territoriale de réparer les erreurs de gestion de prédécesseurs ayant créé quatre emplois territoriaux au lieu de solliciter trois emplois de services marchands plus productifs et provoqué des sureffectifs publics ayant fragilisé le tissu économique régional après la crise économique et financière de 2008 (6).

Le principal gisement national de progrès économique porte sur la réduction des sureffectifs de la fonction publique territoriale avec une masse salariale de l'ordre de 30 milliards destructrice de valeur pour la nation et le développement des économies régionales.

Tôt ou tard, les présidents de collectivité territoriale devront se résoudre à préserver à moindre cout pour les finances publiques les prestations essentielles pour les administrés et sauvegarder les activités de distribution de services locaux menacées par la réduction des dotations budgétaires. Ils devront apprendre à gérer les établissements publics comme des PME avec des budgets en excédent pour réduire l'endettement local et faire distribuer par des PME/TPE les services techniques ou logistiques parapublics essentiels pour les administrés à moindre cout pour la nation.

Pour soutenir et développer l'économie régionale, les présidents du Sénat, des régions, des départements et les maires auraient dû dès le début du quinquennat mettre à l'étude et planifier une externalisation partielle des services techniques afin de développer les économies régionales en transformant des agents de l'état en salariés de PME pour améliorer la productivité publique et diminuer l'endettement public continu.

Jusqu'à 600000 emplois publics pourraient être transformés en emplois marchands et 24 milliards de marchés de travaux territoriaux passés à des PME/TPE plus performantes pour réduire la masse salariale de l'état de 30 milliards et la dépense publique de 6 milliards/an en assurant 6,5 milliards de cotisations patronales et salariales supplémentaires au financement du modèle social.

Référendum d'initiative partagée
pour la transformation des sureffectifs publics
en emploi marchand

Sans prise en compte de leur demande après les élections territoriales 2020, 11 millions de patrons, de cadres et de salariés de PME et de TPE devraient exiger la tenue d'un référendum d'initiative partagée associant 20% des parlementaires et 10% du corps électoral sur un projet de loi de privatisation partielle des services techniques territoriaux améliorant la productivité publique de 10% et réduisant l'endettement public annuel de 30%.

Cadres, comportez-vous en manager dans l'établissement public et l'entreprise !

L'auteur a assumé les devoirs civiques de l'ancien cadre et "engagé le fer contre les cadres de l'état responsables d'une gestion ayant aggravé le surendettement public après le passage à l'euro". Il a vainement transmis les "Pratiques managériales républicaines" aux présidents de la république, du sénat, de l'assemblée nationale et la cour des comptes pour convaincre les ministres, les parlementaires et les hauts fonctionnaires de réparer les fautes publiques de gestion et persuader les cadres de créer plus de valeur pour la population au gouvernement, au parlement, dans l'administration, les services et les entreprises publiques (5). Pour mettre fin à l'omerta nationale sur l'incurie publique et alerter les fonctionnaires et leurs représentants syndicaux sur une gestion de moins en moins républicaine des personnels de l'état, il a transmis à la commission nationale du débat public et au président de sa communauté de communes un livret "À l'action, cadres de l'état ! " et deux contributions au grand débat national, résumant les "Fautes de gestion de la fonction publique depuis le passage à l'euro" et la "Masse salariale de l'état jugée improductive de valeur pour la nation par les managers du secteur marchand".

Il veut croire qu'un grand nombre de contributions au grand débat national concerneront la réduction des dépenses sur la charge des salaires et retraites publiques et le coût du travail privé afin de baisser le poids des prélèvements obligatoires asphyxiant l'économie marchande et réduisant le pouvoir d'achat des Français.

L'ancien attaché de recherche au CNRS espère que :

- Les contributions des Français convaincront les cadres de l'état et de collectivité territoriale de leur responsabilité collective à rétablir la contribution de l'action publique à la compétitivité nationale pour soutenir l'économie marchande et financer les politiques de justice sociale exigées par la population.
- Les présidents de collectivité territoriale et les maires prendront conscience de leur devoir économique à gérer les affaires municipales comme devrait le faire un patron de PME publique de taille équivalente.
- 80000 élus des territoires et chefs de service public utiliseront le livret ou l'e-book "À l'action, cadres !" comme un manuel d'apprentissage à la réalisation de projets de progrès afin de transformer les sureffectifs territoriaux en emplois de PME/TPE plus performants au service des administrés et moins couteux pour les finances publiques.

L'ancien responsable d'université d'entreprise veut croire que l'action des gilets jaunes et le grand débat national pousseront les cadres du secteur marchand à demander au président de la république de se comporter comme le général de Gaulle l'aurait fait en obligeant les cadres de l'état à réduire les prélèvements obligatoires pour relancer la croissance dans une république à désendetter. Quatre millions de cadres exigeront un alignement républicain des devoirs économiques et droits sociaux de tous les cadres et une réduction drastique de la masse salariale de l'état improductive de valeur pour la nation.

Références bibliographiques

(1)-"De Gaulle, mon père, Entretiens avec Michel Tauriac"
Plon Paris 2003 et 2004

(2)- À l'action, citoyens !
Article de Jean-Pierre Motte et Roland Verhille publié
le 8 juin 2013 sur le Cercle de l'économie des Echos

(3)- Collection "Pratiques managériales républicaines"
Tome I - À l'action, cadres dirigeants de la république !
36 p de Jean Pierre Motte
ISBN: 978-2-3221373-1-2 Juin 2018

(4)- Collection "Pratiques managériales républicaines"
Tome II - À l'action, parents !
92 p de Jean Pierre Motte
ISBN: 978-2-322-16307-6 Octobre 2018

(5)- Collection "Pratiques managériales républicaines"
Tome III - À l'action, cadres !
80 p de Jean Pierre Motte
ISBN: 978-2-322-16580-3 Novembre 2018

(6)- Collection "Pratiques managériales républicaines"
Tome IV - À l'action, cadres de l'état !
44 p de Jean Pierre Motte
ISBN: 978-2-322-12688-0 Janvier 2019